# CARMAGNOLE
## ET
## GUILLOT GORJU,
### TRAGÉDIE POUR RIRE.

PAR MM. DORVIGNY & DANCOURT, (L.-H.)

*Représentée, pour la première fois, à Paris, sur le Théâtre de l'AMBIGU-COMIQUE, le 24 Janvier 1782.*

Prix, 1 liv. 4 sols.

## A AMSTERDAM;

*Et se trouve A PARIS,*

Chez CAILLEAU, Imprimeur-Libraire, rue Galande, vis-à-vis celle du Fouare.

M. DCC. LXXXII.

| PERSONNAGES. | ACTEURS. |
|---|---|
| GUILLOT GORJU, Chef de cuisine, Amant de Margot. | M. Michaut. |
| CARMAGNOLE, premier Laquais, rival de Guillot Gorju. | M. St. Aubin. |
| Madame MISTANFLUTTE, femme de charge, Amante de Carmagnole. | M<sup>lle</sup> Sophie. |
| MARGOT, femme de chambre, Amante de Guillot Gorju. | M<sup>lle</sup>. Chatel. |
| SUZON, confidente de Margot. | M<sup>lle</sup>. Talon. |
| GUIGNOLET, confident de Guillot Gorju. | M. Vernet. |
| CASCARET, confident de Carmagnole. | M. Maugé. |
| Un CHARLATAN. | M. Bordier. |

*La Scène se passe dans une Antichambre.*

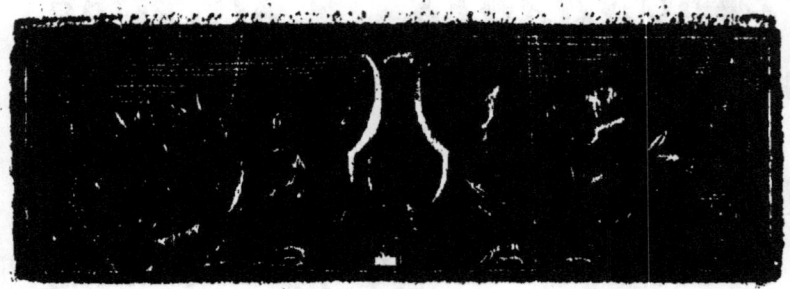

# CARMAGNOLE
## ET
# GUILLOT GORJU.

## SCENE PREMIERE.

CARMAGNOLE, *le chapeau enfoncé, rêve profondément.* CASCARET.

### CASCARET.

GÉNÉREUX Carmagnole, admis par vos bontés
A l'honneur de manger la soupe à vos côtés,
Je sens de vos bienfaits toute la conséquence;
Et pour vous aujourd'hui plein de reconnoissance...

### CARMAGNOLE.

C'est assez, Cascaret; va; malgré ma douleur,
Tout comme en un cristal je vois clair dans ton cœur:
Epargne à mon oreille un fade bavardage,
D'un confident vulgaire insupportable usage.

### CASCARET.

Qui peut vous affliger? vous que l'on voit céans

CARMAGNOLE ET GUILLOT GORJU,

Faire auprès du patron la pluie & le beau tems,
A quels chagrins secrets êtes-vous donc en butte ?
La Concierge d'ici, Madame Mistanflutte,
Vous presse d'accepter son cœur & ses écus ;
C'est un riche parti, que vous faut-il de plus ?

### CARMAGNOLE.

J'aime, cher Cascaret, & les traits de l'amour
Ont criblé, transpercé mon pauvre cœur à jour ;
Mais ne va pas penser que d'une ame commune,
De la Concierge ici recherchant la fortune,
Madame Mistanflutte ait avec tout son bien
Excité mes transports. Non, dans cette aventure,
Un objet tout charmant a causé ma blessure.
L'amour est tout pour moi, la fortune n'est rien.
Tiens, j'ai, mon cher ami, des profits, de bons gages,
De plus, très-bien payé pour quelques fins messages ;
Je devrois être heureux ; mais en dépit du sort
Je n'envisage plus, mon enfant, que la mort.

### CASCARET.

C'est mal pensé, Seigneur, j'ai lu dans un gros livre
Que pour charmer un cœur, l'essentiel est de vivre ;
Mais cet objet par qui vous êtes consumé,
Seroit-ce point Margot ?

### CARMAGNOLE.

   C'est toi qui l'a nommé.

### CASCARET.

Ah ! c'est son ordinaire, & ses yeux formidables
De tous ceux qu'ils ont vus ont fait des incurables ;
Et pas un d'eux n'a pu seulement ébrécher,
Jusques à ce moment, ce vrai cœur de rocher.

### CARMAGNOLE.

Tu te trompes, mon cher, malgré son air farouche,

Je soupçonne son cœur de démentir sa bouche.
Guillot Gorju, je pense, est mon heureux rival ;
J'en voudrois être sûr. Bientôt un coup fatal,
En transperçant le cuir de son énorme panse,
Au gré de ma fureur, combleroit ma vengeance.

### CASCARET.

Vous m'intriguez, Seigneur, car ce fier cuisinier
N'est pas un homme non facile à manier,
Quand il est en fureur, malheur à qui l'approche ;
Achille frémiroit à l'aspect de sa broche.

### CARMAGNOLE.

Poltron ! informe-toi du fait adroitement,
Et me vient rapporter le tout fidélement ;
D'escrime ou d'espadon mon rival fut-il maître,
J'en saurai triompher, en brave ou bien en traître.

### CASCARET.

C'est penser en héros, j'applaudis au projet,
Et vais en tapinois m'occuper de l'objet ;
Mais j'apperçois venir Madame Mistanflutte.

( Il sort. )

### CARMAGNOLE.

Toujours sur mes talons ! qu'elle me persécute !
Tâchons de l'éviter.

## SCENE II.

Madame MISTANFLUTTE, CARMAGNOLE.

### Madame MISTANFLUTTE.

MONSIEUR, où courez-vous ?
Est-ce ainsi qu'on répond à l'accueil le plus doux ?

### CARMAGNOLE.

Oh, contretems fâcheux !

### Madame MISTANFLUTTE.

Ah ! tu feins d'oublier
Ce que ton cœur, ingrat, devroit te rappeller ;
T'ai-je pas dit tantôt qu'une veuve assez belle,
Qu'à son air on prendroit pour une jouvencelle,
Lasse de son état, veut choisir un époux.

### CARMAGNOLE.

Qu'elle en prenne un, Madame.

### Madame MISTANFLUTTE.

Il est pris.... Et c'est vous.

### CARMAGNOLE.

Moi ?

### Madame MISTANFLUTTE.

Oui, vous, & pour mieux réussir à vous plaire,
Elle veut de son bien vous nommer légataire ;
Prononcez *subitò* votre décision :
Parlez, êtes-vous prêt à l'épouser, ou non ?

## TRAGÉDIE BURLESQUE.

CARMAGNOLE.

Non, Madame.

Madame MISTANFLUTTE.

Pourquoi?

CARMAGNOLE.

De cette créature
Je n'ai connu jamais le nom, ni la figure.

MISTANFLUTTE.

Eh bien ! contemple-moi ; je suis cette beauté
Qui rompt pour toi les vœux de sa viduité.

CARMAGNOLE.

Madame, c'est me faire un trop grand sacrifice,
J'ai de la conscience, & je me rends justice :
Je ne mérite pas un bonheur si parfait,
Un autre époux que moi sera mieux votre fait.

MISTANFLUTTE, *très-pathétiquement*.

Quel aveu, Carmagnole, oses-tu donc en face
Me tenir de sang froid ce discours qui me glace ;
Moi qui de tout mon bien veux te faire héritier ;
Enfin, moi dont le cœur est à toi tout entier :
Non, non, un loup cervier n'a pas été ton père,
Tu n'as jamais sucé le lait d'une panthère ;
Comme un joli garçon réponds à mon ardeur.

CARMAGNOLE.

Madame, je ne puis couper en deux mon cœur.

MISTANFLUTTE *en fureur*.

Ah! je connois l'objet de ton indigne flamme,
Et je cours me venger ;

CARMAGNOLE.

Mais arrêtez, Madame.
Une fois dans la vie entendez donc raison.

A 4

8 CARMAGNOLE ET GUILLOT GORJU.
### MISTANFLUTTE.
Non, je veux qu'elle ou moi sorte de la maison.
(*Elle sort.*)

### CARMAGNOLE.
Courons vite appaiser cette insigne diablesse,
Et de son noir dessein préservons ma maitresse.

## SCENE III.
### CASCARET, CARMAGNOLE.

CASCARET, *accourant.*

SEIGNEUR, Seigneur, un mot.

CARMAGNOLE, *sort avec précipitation.*
Tu le diras tantôt.

## SCENE IV.
### CASCARET, *seul.*

J'AVOIS tort de courir pour arriver trop-tôt,
Le gros Guillot Gorju, me semble, ici s'avance ;
C'est le moment d'user de mon intelligence ;
Par des propos sucrés, polis, bien façonnés,
A ce fier cuisinier tirons les vers du nez.

TRAGÉDIE BURLESQUE.

## SCENE V.
### GUILLOT GORJU, CASCARET.

GUILLOT GORJU.

Que veux-tu, Cascaret ?

CASCARET.

      A votre bienfaisance
J'apporte le tribut de ma reconnoissance.

GUILLOT GORJU.

Abrége, que veux-tu

CASCARET.

      De ces petits pâtés,
D'un goût si délicat par vos mains apprêtés,
Et dont à déjeuné votre bonté touchante
A calmé le tourment de ma faim dévorante.
Je viens vous rendre grace. Ah ! qu'il m'est doux de voir
Les faveurs dont le Ciel a daigné vous pourvoir.
Lui-même il a chargé la prodigue abondance
D'élargir le contours de votre auguste panse ;
Et ce triple menton, type de la santé,
Du mardi-gras en vous fait voir l'enfant gâté.

GUILLOT GORJU.

Que je sois maigre ou gras, ce n'est point ton affaire.

CASCARET.

Pardonnez-moi, Seigneur, si j'ai pu vous déplaire

### GUILLOT GORJU.

Je hais les sots discours, jadis je fus soldat,
Partant, des complimens je fais fort peu d'état.

### CASCARET.

Eh ! je n'en ferai plus ; loin de vous contredire.
Je viens vîte au sujet qui près de vous m'attire :
Je vous avertis donc, en bon & franc ami,
Qu'en ces lieux vous avez un secret ennemi.
Qu'il brigue votre place & ses prérogatives ;
Au mensonge impudent il joint les invectives,
Et veut persuader que la belle Margot
D'un cuisinier sublime a fait un godenot :
Guillot Gorju, dit-il, renonçant à sa gloire,
Laisse à l'amour le soin de guider sa lardoire.

### GUILLOT GORJU.

Quiconque sur mon compte ose jaser ainsi,
Soit dit en bon françois, par sa gorge a menti.
Je larde quand il faut... fidèle à mon ouvrage,
On ne me verra point jouer le personnage
D'un amoureux transi ; mais quel est ce blanc-bec
Qui, dans l'art des gourmands, se croit plus que
  moi grec.
Son nom ?

### CASCARET.

Je n'en sais rien.

### GUILLOT GORJU.

Va l'apprendre, bélitre,
Et de tes vains discours abrége le chapitre ;
Dès que tu le sauras, viens vîte me nommer
Le faquin que l'amour me prescrit d'assommer.
*( Cascaret, en disposition de partir, ramasse une épingle. )*

Pour hâter ton départ, ah que n'ai je une tringle !
Je lui dis d'aller vîte, il ramasse une épingle.

## SCENE VI.

#### GUILLOT GORJU, *seul*.

Quel est donc le truand, l'effronté, le magot,
Qui voudroit me souffler & ma place & Margot;
Je le mériterois. Aussi bénet qu'un Gille,
Je nourris dans mon cœur une flamme inutile :
Tapis comme un lapin, craignant de s'exhaler,
Mon amour jusqu'ici n'a pas osé parler ;
Parlons, montrons l'ardeur de mon ame enflâmée,
Et cessons de manger mon pain à la fumée.
Margot paroît, courage ! Et sans aller plus loin,
Montrons de mon amour l'excès & le besoin.

## SCENE VII.

#### MARGOT, GUILLOT GORJU.

Daignerez-vous, Madame, avoir la complaisance
D'accorder à ma voix un moment d'audience ?
Elevé dans les camps, au milieu des hasards,
Je n'appris de métiers que celui des Césars,
Et la cuisine ; aussi je ne crains nul reproche
Dans l'art de fricasser & de mettre à la broche ;
Et je puis me vanter que je rendrois camus

Les plus accrédités des enfans de Comus.
Mieux qu'un autre je sais l'art de briser un crâne;
Mais en stile d'amour, je ne suis rien qu'un âne.
Je voudrois bien pouvoir vous dire élégamment
Que dans Guillot Gorju vous voyez un Amant;
Mais le propos galant n'est pas fait pour ma langue;
Il faut donc qu'un serment termine ma harangue.
Oui, je veux qu'on me saigne au col comme un oison,
Si mon cœur n'est pour vous plus ardent qu'un tison.

### MARGOT.

J'ai peine à revenir d'une pareille audace,
Oser de votre amour m'entretenir en face!
Allez, Seigneur, allez retrouver vos réchauds,
Et n'ayez pas pour moi des sentimens si chauds.

### GUILLOT GORJU.

Vous vous fâchez, Madame, ordonnez mon supplice :
Quel genre de trepas faut-il que je choisisse!

### MARGOT.

Aucun. Vivez, Seigneur; mais jamais à mes yeux
Ne montrez le tison d'un feu contagieux.
Je crains trop la brûlure.

### GUILLOT GORJU.

                Oh! réponse cruelle!
Vous prononcez, Margot, ma sentence mortelle :
Un arrêt si fatal, si contraire à mes vœux,
Fait naître dans mon cœur un soupçon lumineux.
Non, la feinte froideur dont vous faite parade
N'est pas le seul motif d'un ordre si maussade;
Un rival ténébreux est par vous appuyé,
Et me coupe aujourd'hui l'herbe dessous le pied,
Si je le connoissois.

## TRAGÉDIE BURLESQUE.

MARGOT.

Un tel discours m'offense,
Nul amoureux sur vous n'obtient la préférence:
Si mon cœur à l'amour pouvoit obtempérer,
C'est vous, ingrat, c'est vous qu'il voudroit préférer.
Votre large minois, votre ventre convexe
Ont rendu quelquefois ma cervelle perplexe;
Mais aux dieux, à l'honneur j'ai fait un gros serment
De vivre en fille honnête, & n'avoir point d'Amant.
Cher Guillot, suivez donc un conseil salutaire,
De votre amour pour moi tâchez de vous défaire.

GUILLOT GORJU.

Eh! le puis-je, inhumaine? Il faut donc recourir
A l'unique moyen qui peut me secourir:
Ce moyen, c'est la mort. Ce sera votre ouvrage,
Cœur cent fois plus cruel qu'un cœur d'antropophage,
Vous desirez ma fin, j'obéis à vos loix,
Je reprends le mousquet une seconde fois;
Aussi-tôt engagé je quitte ma brigade,
Et comme déserteur conduit à l'estrapade;
Douze balles de plomb finiront mes malheurs.
Madame, je vous quitte.

MARGOT.

Arrêtez.......... Je me meurs.
(*Elle tombe évanouie.*)

GUILLOT GORJU, *à ses genoux*.

Quoi, vous vous trouvez mal?

MARGOT.

Ah! d'effroi je frissonne:
Vivez, Guillot Gorju, c'est Margot qui l'ordonne.

#### GUILLOT GORJU.
Achevez mon bonheur.
#### MARGOT.
Mon trouble me trahit.
Ce que ma bouche fait, ce soupir vous le dit.

---

### SCENE VIII.

#### LES PRÉCÉDENS, SUZON.

#### SUZON.

Madame, on vous attend.

#### MARGOT.
Qui donc ?

#### SUZON.
La blanchisseuse.

#### GUILLOT GORJU.
Diable puisse emporter la sotte savonneuse.

#### MARGOT.
Je cours, attendez-moi, je reviendrai bientôt.

#### GUILLOT GORJU.
Mais ne me faites pas trop éroquer le marmot.

#### MARGOT.
Je revole à l'instant.

## TRAGÉDIE BURLESQUE.

### SCENE IX.

**GUILLOT GORJU**, *seul.*

Voyez comme une fille
Sait renfermer long-tems son cœur dans la coquille.
Margot m'aime, c'est clair, je n'osois m'en flatter;
Et qui diable à ma place auroit pu s'en douter.

### SCENE X.

**GUILLOT GORJU, CARMAGNOLE.**

CARMAGNOLE.

Ecoute.

GUILLOT GORJU.
Que veux-tu?

CARMAGNOLE.
J'ai deux mots à te dire.

GUILLOT GORJU.
Tu reviendras demain, j'ai des merlans à frire.

CARMAGNOLE.
Arrête.

GUILLOT GORJU.
Un ton plus bas.

CARMAGNOLE.
Tu fais donc les yeux doux
A l'aimable Margot.

## CARMAGNOLE ET GUILLOT GORJU,

GUILLOT GORJU, *ironiquement.*

      Monsieur est-il jaloux ?

CARMAGNOLE.

Sache qu'il n'appartient qu'à gens de mon espèce
De briguer dignement sa main & sa tendresse.

GUILLOT GORJU.

Tu crois ça ?

CARMAGNOLE.

    Mons Gorju, l'on m'a dit qu'en secret
Ton cœur se repaissoit d'un espoir indiscret.

GUILLOT GORJU.

Et quand cela seroit !

CARMAGNOLE.

      Quoi ! ton orgueil t'inspire
Le projet effronté de chercher à me nuire ?

GUILLOT GORJU.

Mon orgueil a fait ça.

CARMAGNOLE.

      Ah ! si je le croyois
Sale & vil marmiton, oui, je t'assommerois.

GUILLOT GORJU, *se renfrognant.*

Point de geste entends-tu ?

CARMAGNOLE.

     Redoute ma colère,
Je sais comme l'on rosse un rival téméraire.

GUILLOT GORJU *fait un mouvement brusque*
*& se retient.*

Ma prudence en impose à mon ressentiment ;
Je ne puis t'étriller dans cet appartement ;
Hors d'ici d'un seul coup j'écraserois ta face ;
Et je disloquerois ta chétive carcasse ;

           Mais

## TRAGÉDIE BURLESQUE.

Mais un si mince exploit n'est pas fait pour ma main;
En me couvrant de honte il te rendroit trop vain.
Margot, si je le veux, avant huit jours me donne,
Pour prix de mon amour, son cœur & sa personne;
Voilà comme de toi je prétends me venger;
Adieu; crève de rage.

### CARMAGNOLE.

Ah! c'est trop m'outrager;
Insolent, apprens-moi si, sans me compromettre,
De me battre avec toi, je puis bien me permettre:
Mon père étoit barbier, chirurgien, perruquier,
Avec de bons bourgeois je me puis allier,
Et me battre en champ clos; mais avec la canaille
Mon honneur me défend d'accepter la bataille.

### GUILLOT GORJU.

Mon père eut, lui vivant, la valeur d'un Romain,
Je t'apprendrai son nom, le bâton à la main,
Marchons.

---

## SCENE XI.

Madame MISTANFLUTTE, *accourant.*

Ecoutez donc, arrêtez Carmagnole;
Il fuit & ne veux pas entendre une parole :
Sa Margot l'ensorcelle; à cet indigne objet
Je m'en vais comme il faut savonner le bonnet :
La voici justement.

## SCENE XII.

### MISTANFLUTTE, MARGOT.

#### MISTANFLUTTE.

Petite mijaurée,
Morceau de chicotin, qui faites la sucrée,
De traverser mes vœux vous vous donnez les airs.

#### MARGOT.

Madame, vous prenez les choses de travers,
Ou bien vous radotez..... Quelle est donc la boutade
Qui vous porte à me faire une telle algarade ?

#### MISTANFLUTTE.

Comment ! moi radoter, petite pinguernon,
Qu'enorgueillit à tort un minois camuson ;
Pour charmer des benets tu te crois adorable.

#### MARGOT.

Vous qui les faites fuir êtes-vous plus aimable ?

#### MISTANFLUTTE.

Voyez donc la magotte avec ses sourcils peints.

#### MARGOT, *riant.*

Voyez donc cette vieille avec ses quatre crins.

#### MISTANFLUTTE.

Je te ferai chasser, je connois tes allures.

#### MARGOT.

Madame Mistanflutte, on sait vos aventures.

## TRAGÉDIE BURLESQUE.

MISTANFLUTTE.
Des aventures, moi! on me connoît trop bien,
Et nul sur ma pudeur ne peut gloser en riens;
Non, mon honneur jamais n'essuya d'échancrure.

MARGOT.
On ne dit pas pourtant qu'avec une ame dure,
Vous ayez rejetté les vœux des soupirans.

MISTANFLUTTE.
Si j'en ai distingué parmi mes aspirans,
Nul ne peut se flatter d'une douce parole,
Si ce n'est depuis peu ce même Carmagnole,
Après qui vous courez, mais inutilement;
Vous m'avez cru jouer tous deux impunément;
Pour vous faire enrager, apprenez que je l'aime,
Et qu'il m'épousera fut-ce malgré lui-même.

MARGOT.
Eh! Madame, épousez, agissez sans façon,
Cochers, leurs palfreniers, laquais de la maison,
Je vous les cède tous, & du fond de mon âme,
Pourvu qu'à votre tour, laissant agir ma flâme,
Vous me laissiez du moins mon cher Guillot Gorju.

MISTANFLUTTE.
Guillot Gorju te charme, ô Ciel! qu'ai-je entendu!

MARGOT.
Oui Madame, c'est lui, lui seul qui m'intéresse,
A Carmagnole ici donnez votre tendresse,
Qu'il comble tous vos vœux, qu'il soit votre vainqueur,
Le seul Guillot Gorju régnera sur mon cœur.

MISTANFLUTTE.
Hélas! mon cher enfant, je te demande excuse;
Mais tu sais qu'aisément une Amante s'abuse:

B 2

Je t'ai cru ma rivale, & prête à batailler,
Je venois à dessein de te bien étriller;
Mais puisqu'il n'en est rien, ma colère se passe,
Et je ne t'en veux plus; viens-ça que je t'embrasse,
Va, c'est de tout mon cœur.

MARGOT.

Bien obligé, Maman.
Je venois tout exprès pour trouver mon Amant
Quand vous avez paru; en quel lieu peut-il être?
Et d'ici quel motif l'a donc fait disparoître?

MISTANFLUTTE.

J'ignore quel motif l'a chassé de ces lieux;
Mais Carmagnole & lui sont sorti tous les deux.

MARGOT.

Ce départ singulier a lieu de me surprendre.

MISTANFLUTTE.

Les hommes d'aujourd'hui ne veulent plus attendre.
Ne vois-je pas Suson? son air est égaré.

―――――――――

## SCENE XIII.

### LES PRÉCÉDENS, SUZON.

Que veut dire ce trouble & cet œil effaré?

SUZON.

A mes cheveux épars, à ma pâleur mortelle,
Madame, vous pouvez juger de la nouvelle;
J'ai bien cru qu'aujourd'hui seroit mon dernier jour,
On se rosse, on s'éreinte.

## TRAGÉDIE BURLESQUE.
**MARGOT.**

Ah! parle sans détour,
Guillot Gorju....

**SUZON.**

Madame, il se bat comme un diable,
Envain des assommeurs la cohorte l'accable ;
Il leur tient tête à tous, & ferme comme un roc,
A grands coups de bâtons il repousse leur choc.

**MISTANFLUTTE.**

Et Carmagnole.

**SUZON.**

Oh lui! que le diable l'emporte,
Il est sur la litière.

**MISTANFLUTTE.**

Oh Ciel ! me voila morte.

**MARGOT.**

Poursuis, chère Suzon ; quelques soient ces horreurs,
Dis-moi tous les détails de ces affreux malheurs.

**SUZON.**

De cannes, de bâtons nombre de mains armées
Contre Guillot Gorju sont toutes animées ;
A l'instant il se forme une évolution
Qui serre autour de moi les combattans en rond :
Je demande à grands cris que l'on m'ouvre une issue
Pour sortir au plutôt de l'horrible cohue ;
Lorsque d'un coup de pied décoché par hasard,
A vingt pas du combat on me jette à l'écart.
Guignolet qui paroît, de ce combat funeste,
Dans un détail exact va vous conter le reste.

## SCENE XIV.

MARGOT, MISTANFLUTTE, SUZON, GUIGNOLET.

MARGOT.

Que fait Guillot Gorju ?

GUIGNOLET.

Guillot Gorju n'est plus.

MISTANFLUTTE.

Carmagnole est donc mort ?

GUIGNOLET.

On le dit defunctus.

SUZON, *accourant à Margot évanouie.*

Hé ! vite du secours.

MISTANFLUTTE.

Guignolet, je me pâme.

GUIGNOLET.

Les voilà toutes deux qui s'en vont rendre l'ame.

SUZON.

Eh ! pourquoi dès l'abord hurler tragiquement ?
On doit glisser la chose un peu plus doucement.

MARGOT.

Pourquoi me rendre, hélas ! au jour que je déteste ?

SUZON *à Guignolet.*

Donnez le pot à l'eau.

GUIGNOLET, *le donnant.*

Leur dirai-je le reste ?

#### SUZON.

Tu n'en as que trop dit. Buvez, pour la douleur,
 (*A Margot*).
De l'eau claire vaut mieux qu'aucune autre liqueur.

#### MARGOT.

Guignolet de ta bouche éloigne l'artifice.

#### MISTANFLUTTE.

Dis-nous la vérité, le doute est un supplice.

#### GUIGNOLET.

Mesdames à l'instant je vais vous contenter,
Du ton d'un grand acteur je m'en vais réciter :
Guillot Gorju, c'est sûr, auroit eu l'avantage,
Si de la trahison l'on n'eût pas fait usage.
Il frappoit en Hercule à tort comme à travers,
Et déja d'éclopés ses pas étoient couverts :
Des premiers, Carmagnole a mordu la poussière ;
Le héros ressembloit au démon de la guerre,
Forçant des ennemis les nombreux bataillons,
Il les éparpilloit comme des papillons.
Tout fuit ; mais un Judas, un Sinon, un Tersite,
Gredin que mit au jour une flamme illicite.
Cascaret par derrière, en fils de Belzebuth,
A brisé du héros l'héroïque occiput.

#### MARGOT.

Grands Dieux !

#### GUIGNOLET.

   Quoique porté par une main peu sûre,
Ce coup fait au héros mesurer sa stature.
Par terre, tout à plat, sur le nez, sa valeur
Fait capot sans retour, & cède à la douleur.

## MARGOT.

Eh ! l'on ne rouera pas le monstre abominable,
L'auteur Cartouchien de ce crime exécrable.
Cher Gorju, sois vangé de cet affreux délit,
J'y mangerois plutôt la paille de mon lit.
Tu pleures, Guignolet ! quoi ? de la catastrophe
N'est-ce donc pas la fin ?

## GUIGNOLET.

Ce n'en est qu'une strophe.

## MARGOT.

Ah ! ne m'en dis pas plus. Le froid saisit ma peau :
Eh vite, Suzon, vite ! encor le pot à l'eau.

## MISTANFLUTTE.

Ciel ! je vois un brancard.

## GUIGNOLET.

Hélas ! c'est Carmagnole
Qui vient vous dire ici sa dernière parole.

---

## SCENE XV.

LES PRÉCÉDENS, CARMAGNOLE.

*(On le met sur la gauche du Théâtre. Madame Mistanflutte court à lui.)*

## MARGOT.

LE traître vient plutôt jouir de ma douleur :
Allons nous-en, Suzon.

## CARMAGNOLE.

Ah ! demeurez, Madame,

## TRAGÉDIE BURLESQUE.

Et permettez du moins qu'avant de rendre l'ame
Je m'excuse envers vous... Je ne suis point l'auteur
De ce coup malheureux qui fait couler vos larmes.
Un funeste conseil.... *Voyant Madame Mistanflutte.*
            Dieux! que viens-je de voir !

### MISTANFLUTTE.

Trop ingrat Carmagnole! as-tu pu concevoir
Le barbare projet qui cause nos alarmes;
Je te donnois tantôt mon bien, ma main, ma foi,
Tu te fais assommer pour une autre que moi.

### SUZON.

Voici du monde encor qui n'est pas attendu.

### GUIGNOLET.

On apporte quelqu'un.

### MARGOT.
            Ciel! c'est Guillot Gorju.
        ( *On apporte Guillot.* )

---

## SCENE XVI.

### Les Précédens, GUILLOT GORJU.

### GUILLOT GORJU.

Je bénis mon destin qui me permet encore
De revoir un instant la beauté que j'adore.
( *Ici les deux femmes se jettent à genoux chacune
    auprès de son Amant* ).

### MARGOT.

Mon cher Guillot Gorju, faut-il nous séparer ?

MISTANFLUTTE.
Mon pauvre Carmagnole! ah que je vais pleurer!
MARGOT, à Carmagnole.
Méchant! c'est pourtant toi qui m'ôte ce que j'aime.
MISTANFLUTTE, à Guillot Gorju.
Cruel Guillot Gorju! tu me traites de même.
GUILLOT GORJU.
Si nous vous faisons tort, nous en souffrons assez,
Nous en allons tous deux payer les pots cassés.
Ainsi pardonnez-nous; & toi, Mons Carmagnole,
En bonnes gens, du moins achevons notre rôle;
Avant que de mourir accordons-nous la paix.
MISTANFLUTTE.
Ah!....
MARGOT.
Dieux!
CARMAGNOLE.
De tout mon cœur.
GUILLOT GORJU.
Pour moi, je viens exprès.
Pardonne-moi ta mort.
CARMAGNOLE.
Pardonne-moi la tienne.
GUILLOT GORJU.
Va, meurs tranquillement.
CARMAGNOLE.
Que rien ne te retienne.
GUILLOT GORJU.
Va va, mon cher ami, je ne tarderai pas.
CARMAGNOLE.
Ah! bientôt, j'en suis sûr, je vais suivre tes pas.

## TRAGÉDIE BURLESQUE.

MISTANFLUTTE, MARGOT.

Nous les suivrons aussi.

SUZON, à Margot.

Moi, je suivrai les vôtres.

GUIGNOLET.

Allons, nous nous suivrons ainsi les uns les autres.

MISTANFLUTTE.

Ah! quel cœur de rocher verroit ça de sang froid!

GUILLOT GORJU.

Madame, par vos cris, notre douleur s'accroit.

CARMAGNOLE.

Ne criez pas si fort, Madame Mistanflutte.

GUILLOT GORJU.

Il nous reste peut-être encor une minute:
Profitons-en du moins pour faire un testament.
Approchez-vous, Margot.

CARMAGNOLE, à Mistanflutte.

Et vous pareillement.

GUILLOT GORJU.

Margot, chère Margot, deviens mon héritière,
Prend ma montre d'argent avec ma tabatière,
Mes boucles, mes boutons; fais-toi payer aussi
Les gages de deux ans qui me sont dus ici.
Que d'un mari futur la pitoyable histoire
Occupe après ma mort ton cœur & ta mémoire.
Promets-moi, ma Margot, cet honneur m'est bien dû,
De n'oublier jamais ton cher Guillot Gorju.

MARGOT.

Oui, cher époux en herbe! attends de ma tendresse,

Que jamais après toi... Mais il tombe en foibleſſe.
Hélas! ſa pamoiſon repouſſe mon ſerment.

### SUZON.

Tant mieux. On ne doit pas jurer étourdiment.

### MISTANFLUTTE.

Pour moi, mort ou vivant, j'épouſe Carmagnole.

### CARMAGNOLE.

Allons, c'eſt donc à moi de prendre la parole.

### MISTANFLUTTE.

Ta main.

### CARMAGNOLE.

Elle eſt à vous, ſi je puis vivre encor;
C'eſt pour vous épouſer & réparer mon tort.

### MISTANFLUTTE, *ſe jette ſur lui.*

Ah! mon cher, eſt-il vrai? Quoi, je ſerai ta femme?
Quoi? tu conſentirois...

### CARMAGNOLE.

Vous m'étouffez, Madame.

### MISTANFLUTTE.

Quel bonheur!

### CARMAGNOLE.

Laiſſez donc.

### MISTANFLUTTE.

J'embraſſe mon époux.

### CARMAGNOLE.

Je ſuis mort!

### MISTANFLUTTE.

Juſte Ciel, que ce moment eſt doux!

SUZON.

Vous l'avez suffoqué. C'est aimer à la rage.
                ( *On entend une trompette* ).

GUIGNOLET.

L'aubade est à propos, quel diable de tapage ?
Passe encor s'il pouvoit réveiller nos défunts :
Qui diable amène ici ces corneurs importuns ?

---

## SCENE XVII & DERNIERE.

LES PRÉCÉDENS, UN CHARLATAN,
SA SUITE.

SUZON.

QUE cherchez-vous, Monsieur ? quel sujet vous amène ?

LE CHARLATAN.

C'est votre bonne étoile ; en moi reconnoissez
Le fameux Salvator, Egésype, Tacmène.
Vous apprendre mon nom, c'est vous en dire assez :
Des plantes je connois la vertu balsamique,
Létale, détersive, & sur-tout sympathique,
Et j'opere en tous lieux d'étranges guérisons ;
Tenez, Messieurs, sans tant vous faire de raisons,
Des Médecins à moi voyez la différence :
Des vivans bien souvent ces Messieurs font des morts,
C'est à quoi peu s'en faut se borne leur science,
Et moi, Tacmène, moi, par mes doctes efforts,

De véritables morts ou de gens prêts à l'être,
Je refais des vivans & des hommes bien sains.

### MARGOT.

Monsieur, secourez-nous de vos secrets divins.
Le Ciel à leur secours vous envoie peut-être.

### MISTANFLUTTE.

O céleste mortel! vous venez à propos,
A mon cher Carmagnole on a brisé les os.

### LE CHARLATAN.

Bon, ce sont jeux d'enfans.

### MISTANFLUTTE.

A jour mis sa cervelle.

### LE CHARLATAN.

Ce n'est rien.

### MISTANFLUTTE.

Exterminé les reins.

### LE CHARLATAN.

Bagatelle.

### MARGOT.

Voyez sur ce grabat l'objet de tous mes vœux.

### LE CHARLATAN.

Suffit, à vos desirs je les rendrai tous deux.

### MARGOT.

Bien vrai.

### LE CHARLATAN.

Dans un instant vous allez voir merveille;
Je m'en vais seulement leur glisser dans l'oreille
Deux gouttes de mon baume, il n'y paroîtra plus.

MARGOT.
N'épargnez pas, Monsieur, vos soins, ni nos écus.
MISTANFLUTTE.
Tout mon bien est à vous s'il revient à la vie.
LE CHARLATAN.
Nous serons tous contens. Dites-moi, je vous prie,
On leur a donc donné force coups de bâton.
MISTANFLUTTE.
Oui, Monsieur.
LE CHARLATAN.
Bon! cassé les dents.
MISTANFLUTTE.
Oui, Monsieur.
LE CHARLATAN.
Bon!
Celui-ci, ce me semble, a l'échine offensée.
MARGOT.
Hélas! oui.
LE CHARLATAN.
Bon! cet autre à la côte enfoncée.
MARGOT.
Il en a deux ou trois.
LE CHARLATAN.
Bien! levez-leur la tête.
Opérons maintenant.... Un scrupule m'arrête.
MARGOT.
Quoi donc, Monsieur?

## CARMAGNOLE ET GUILLOT GORJU.

### LE CHARLATAN.

Bon! j'allois sans précaution
Les guérir; j'oubliois la grande question,
Sur l'état des défunts c'est la plus nécessaire,
Et c'est à vous, Messieurs, que je m'en vais la faire.
Tous trépassés qu'ils sont, s'ils vous ont fait plaisir,
Au nombre des vivans je les fais revenir.
Leur destin dépend donc de vous avoir su plaire;
La cure alors, bibus! en moins d'un tour de main,
Je ferai qu'ils pourront recommencer demain :
Vous voyez clairement comme j'entends l'affaire,
S'ils vous ont ennuyés, je ne puis les guérir ;
C'est, & je suis forcé, Messieurs, d'en convenir,
La seule guérison dont je sois incapable,
Le mal de vous déplaire est un mal incurable.

*( Il s'approche de* CARMAGNOLE *& de* GUILLOT GORJU; *son attouchement les ranime. Ceux-ci, par reconnoissance, lui présentent leur bourse ).*

Vivez, gaillards, & gardez votre argent ;
Je n'en accepte point que je ne le mérite :
C'est la bonté du Public indulgent
Et non moi qui vous ressuscite.

*FIN.*

www.ingramcontent.com/pod-product-compliance
Lightning Source LLC
Chambersburg PA
CBHW060727050426
42451CB00010B/1672